FOLIO CADET

Traduit de l'anglais
par Valérie Mouriaux

Maquette : David Alazraki

ISBN : 2-07-053565-7
Titre original : *Dimanche Diller in Danger*
Édition originale publiée par Collins,
une filiale de HarperCollins*Publishers* Ltd., Londres, 1994

N° d'édition : 11459
Loi n° 49-956 du 16 juillet 1949 sur les publications destinées à la jeunesse
Dépôt légal : septembre 2002
Photogravure : Fossard
Imprimé en Italie par Editoriale Lloyd

Henrietta Branford

AVRIL EST EN DANGER

illustré par Lesley Harker

GALLIMARD JEUNESSE

Pour Sally, Sandra, Valerie, Val et Vera –
Longue vie aux lundis !

CHAPITRE 1

Au fond des bois de Hilton Valley, Wolfie T. Volfango, allongé dans son sac de couchage, lisait pour la cent dixième fois la lettre qui l'avait fait venir en Angleterre. C'était une lettre de sa tante. Voici ce qu'elle disait :

Cher Wolfie,

Il faut que tu viennes me voir dans notre bonne vieille Angleterre. Les voyages ouvrent l'esprit, Wolfie, et si le tien est comme celui de ta mère, il doit en avoir drôlement besoin!

Je ne pourrai pas te faire visiter le pays, à cause d'une grave erreur de justice. Mais heureusement, ma vieille amie Gussie Godiva le fera pour moi. Elle tient le bureau de poste de Hilton Valley, un endroit ravissant, le lieu idéal où commencer tes vacances.

Et pendant que tu seras là-bas, Wolfie, j'aimerais beaucoup que tu t'occupes d'une fillette qui s'appelle Avril Anethy. Avril est orpheline, Wolfie, et tu le sais, il faut être très, très gentil avec les orphelins.

Si tu emmènes Avril faire un petit tour, sa riche tante t'en sera très reconnaissante lorsque tu la ramèneras. Et moi aussi, Wolfie.

Fais ce que je te dis, et quand je sortirai d'ici — c'est-à-dire dans environ 1 725 jours —, je te récompenserai pour ta gentillesse.

Ta tante Valburga qui t'aime beaucoup

P.-S. Si tu viens en Angleterre et si tu t'occupes d'Avril, je te paierai ton billet d'avion.

P.-S. 1. Et tes dépenses.

P.-S. 2. Et même un salaire. Un gros salaire, Wolfie.

L'officier de prison, dont le travail consistait à lire les lettres des prisonniers, fut profondément ému par les gentilles attentions de Valburga.

– Figure-toi que cette Poison veut payer un voyage à son neveu, et qu'en plus elle pense à faire le bonheur d'une orpheline ! dit-il à son collègue Stan.

Il essuya une larme, et Stan en fit autant. Tous deux furent d'accord pour dire que la prison pouvait améliorer le pire des criminels, ce qui est vraiment remarquable.

Wolfie fut aussi ému par la lettre. Il n'en recevait pas beaucoup et il prit celle-ci très au sérieux, surtout le P.-S. 2. Il se dépêcha d'aller à l'aéroport et monta à bord du premier avion pour l'est. C'est ainsi qu'il se retrouva face à sa tante Valburga, assis sur une chaise dure, dans la pièce des visites de la prison pour Grands Criminels des Grottes.

Les salles des visites des prisons – comme vous le savez peut-être si vous y

êtes déjà allés – sont parfois très bruyantes. Celle-ci l'était. La pièce était pleine à craquer de maris, de pères, de tantes, d'oncles, d'amis et de relations. Mais elle était surtout remplie d'une douzaine d'enfants qui tombaient de leur chaise, renversaient leur verre et piquaient des chips dans les paquets des autres, quand ils ne couraient pas partout en criant. La tante de Wolfie n'eut donc aucun mal à expliquer son plan à son neveu sans être entendue.

Elle le fit lentement et posément.

– Répète après moi, souffla-t-elle quand elle eut terminé.

– Après moi, murmura Wolfie, obéissant.

Valburga leva les yeux au plafond.

– Idiot ! Recommence. Répète exactement ce que je t'ai dit de faire.

– D'accord, tatie, mais ne t'énerve pas. Je dois kidnapper l'enfant et la mettre dans une cachette. Et je ne dois pas la laisser partir tant que sa tante n'aura pas donné les sous.

– Bien, Wolfie. Et où vas-tu cacher la petite peste ?

– Dans les bois.

– Bien, Wolfie. Et à qui vas-tu demander la rançon ?

– A sa tante, la religieuse de la grande maison.

– Bien, Wolfie. Et que feras-tu de la rançon quand tu l'auras entre les mains ?

– Je la mettrai de côté pour quand tu viendras, tatie.

– Bien, Wolfie. Et ce sera quand ?

– Dans mille sept cent vingt-cinq jours, tatie. A moins que tu creuses un tunnel avant.

– Ne sois pas stupide, Wolfie !

Une sonnerie bruyante marqua la fin des visites. Tous les visiteurs serrèrent contre eux leur cher parent ou leur cher ami, qui les embrassèrent à leur tour. Enfin, presque tous les visiteurs… Parce qu'il aurait fallu un homme plus courageux que Wolfie pour serrer contre lui Valburga Viperine.

Autant dire que Wolfie était plutôt soulagé d'entendre la sonnerie.

Il se mit debout et serra la main de sa tante.

– Fais bien attention à faire exactement ce que je t'ai dit, Wolfie, dit Valburga.

Wolfie regarda sa tante. Tout au fond de lui, une petite voix lui murmura :

– Tu ne feras surtout pas ce qu'elle te demande, petit Wolfie.

– Oh ! Tais-toi ! répondit ce dernier.

Wolfie n'avait pas l'habitude d'écouter sa conscience. En vérité, ce devait être la première fois qu'elle lui parlait.

■■■ CHAPITRE 2 ■

Deux jours plus tard, Wolfie arrivait tranquillement au bureau de poste de Hilton Valley. Quand il poussa la porte, la petite cloche de Gussie Godiva tinta joyeusement.

Gussie leva les yeux de derrière le comptoir, ajusta son monocle et regarda fixement Wolfie. Puis elle se dirigea vers lui et, d'un bras maigre, elle retourna discrètement d'une chiquenaude la pancarte OUVERT/FERMÉ accrochée à la porte d'entrée du bureau de poste.

Il est interdit par la loi de fermer un bureau de poste au beau milieu de la matinée. Mais Gussie Godiva, elle, se fichait pas mal de la loi. Ça ne l'intéressait pas. Tout ce qui l'intéressait, c'était Wolfie T. Volfango.

Elle n'avait encore jamais rencontré Wolfie, mais elle le reconnut tout de suite d'après la photo que sa tante lui avait envoyée. Ce n'était pas difficile.

Wolfie avait une sorte de tête qui rappelait un fromage hollandais – ronde, lisse et brillante. Les lobes de ses oreilles pendaient jusqu'au bas de ses joues comme de la pâte à pain molle pliée en chausson. Ses yeux en vrille jetaient des regards furtifs de chaque côté de son nez, on aurait dit deux petites créatures en alerte autour d'un rocher, et, en dessous, ses dents jouaient des coudes pour avoir de la place. Plus bas encore, sa grande mâchoire pointait en avant comme une falaise d'os, cachant son cou et se fondant dans ses épaules puissantes.

Wolfie salua Gussie Godiva poliment. Il

lui donna une boîte de chocolats et une lettre de la part de sa tante. Gussie glissa les chocolats au fond de son sac à tricot et lut la lettre attentivement. Elle la relut encore une fois. Puis elle emmena Wolfie dans une pièce, derrière, et lui proposa une tasse de thé.

– Je connais déjà votre thé anglais, m'dame. Je pourrais pas plutôt avoir de la bière ?

– C'est pas dans mon habitude de donner des boissons fortes à des jeunes gens !

– La bière n'est pas une boisson forte, m'dame.

– Pour moi, si. Et de toute façon, je n'en ai pas. J'ai bien une décoction aux herbes dans mon placard, mais je l'utilise uniquement à des fins médicales.

Wolfie fut surpris. Car l'haleine de Gussie Godiva lui évoquait bien quelque chose, et ce quelque chose n'était pas des médicaments.

– Ta tante me dit qu'elle a un travail pour

toi, mon garçon. Elle t'a déjà tout expliqué, n'est-ce pas ?

Wolfie acquiesça, l'air malheureux.

– Elle me demande de t'aider, Wolfie, tu le sais ?

– Oui, m'dame.

– Et tu sais de quel travail il s'agit, Wolfie ?

– Oui, m'dame.

– Et crois-tu être capable d'exaucer les vœux de ta tante, Wolfie ?

– Être capable de quoi, m'dame ?

– De faire le travail, Wolfie ?

– Oui, m'dame.

– Très bien, Wolfie.

– Mais je le ferai pas, m'dame.

– Comment ça ?

– C'est contre la loi, m'dame.

– Stupide garçon ! Bien sûr que non ! Les lois ici n'ont rien à voir avec celles d'Amérique. Ta tante est une vieille amie, Wolfie. Je la connais depuis toujours. Tu n'imagines tout de même pas qu'elle te demanderait de faire quelque chose d'illégal ? De toute façon, ta tante et moi nous saurons toujours nous débrouiller avec la loi. Ne te casse pas la tête. Ton travail est de faire exactement ce qu'on t'a dit de faire.

Au même moment, la petite voix à l'intérieur de Wolfie essaya à nouveau de lui parler. Mais une fois de plus, Wolfie l'ignora.

– Maintenant, regardons de plus près le plan de ta tante, étape par étape, déclara Gussie d'un ton ferme.

– D'accord, m'dame. Mais je l'aime pas.

Quand Gussie Godiva eut terminé, il ne l'aimait toujours pas. Pauvre Wolfie ! Il avait toujours été dirigé. Sa mère, là-bas à Pasadena, au Texas, était autoritaire. Les amis de sa mère aussi étaient autoritaires. Et depuis sa plus tendre enfance, Wolfie avait été habitué à ignorer ses propres pensées, et à faire exactement ce qu'on lui disait de faire. Ce n'est bon pour personne ! Ça peut entraîner toutes sortes de problèmes, comme précisément cette fois-là…

Quand Wolfie eut quitté le bureau de poste, Gussie se versa un alcool de prunelle, prit une plume d'oie, la plongea dans une bouteille d'encre verte, et écrivit la lettre suivante à Valburga :

Ma chère Valburga,

Ton neveu Wolfie est passé me voir aujourd'hui. C'est un garçon égoïste, un petit vaurien, et je suis sûre qu'il ne partagera pas le butin, à moins d'y être forcé. Je doute même qu'il parvienne à mettre ses sales mains dessus tout seul.

Quel dommage que tu ne puisses pas venir ici pour garder un œil sur lui. On ne peut guère compter sur les jeunes gens, aujourd'hui. Mais tu peux compter sur moi, Valburga : Wolfie fera exactement ce que tu lui as demandé.

Je suis certaine que tu m'en seras reconnaissante. Que dirais-tu de 50% pour moi, 25% pour toi et 25% pour Wolfie ? Je comprends que tu veuilles que Wolfie emmène l'orpheline en voyage en bateau. Je déduirai le prix de ce voyage de ta part.

Bien cordialement,

Ta très vieille amie,

Gussie.

P.-S. 1. Si on faisait plutôt 60%, 20% et 20% ?

P.-S. 2. Et que dirais-tu de 70%, 30%, et on élimine Wolfie ?

Gussie Godiva adressa la lettre à la détenue numéro 4 723, à la prison GC des Grottes, à Craie-sous-l'Eau, colla un timbre « urgent » et la glissa dans la boîte aux lettres de son propre bureau de poste.

CHAPITRE 3

La pluie avait inondé les bois et les champs de Hilton Valley, et plus haut dans le ciel, un vent froid chassait les nuages. Sœur Véritie était assise dans le confortable salon de Hilton Hall. Elle portait une longue robe noire qu'elle avait enroulée autour de ses chevilles, et elle brodait. De temps à autre, elle souriait à sa nièce Avril agenouillée par terre, entourée de feuilles de papier, qui tenait un crayon dans une main et une gomme dans l'autre.

Avril était en train d'imaginer une maison-arbre à deux étages qu'elle voulait construire dans le tulipier sur la pelouse. Elle avait dessiné les principales branches de l'arbre, et prit des notes sur la façon dont elle voulait que les étages soient reliés. Maintenant, elle essayait de réfléchir à la quantité de bois dont elle aurait besoin pour le premier palier.

Cosmo Cockle, le jardinier, lui avait promis une vieille porte et une pile de planches. Sa fiancée, Polly, qui avait été la nounou d'Avril avant l'arrivée de sœur Véritie, lui avait promis des marches en bois, pliables, et un vieux séchoir en bois. Les deux lui seraient drôlement utiles, et les marches pourraient servir d'échelle entre les étages de la maison.

– J'ai besoin de plus de bois, tante Véritie, dit-elle. Mais je ne sais pas quelle quantité.

– Moi non plus, je ne sais pas, répondit sœur Véritie. Je n'aime pas faire les addi-

tions, mais Polly, elle, pourra t'aider. Elle est très forte.

– Je le lui demanderai. Mais pour l'instant, j'ai envie d'aller dehors. J'ai des fourmis dans les jambes à force de rester assise.

– Où veux-tu aller, Avril ?

– Dehors. Tu veux venir avec moi ?

– Pas aujourd'hui. J'ai promis aux sœurs que je terminerai cette nappe d'autel pour Pâques, et j'ai encore cinq pensées et une chenille à broder.

Sœur Véritie avait quitté son couvent en France pour s'occuper d'Avril, mais elle portait encore son habit de religieuse, et elle continuait d'envoyer toutes sortes de présents aux sœurs. Elle avait prévu de les rejoindre, un jour, quand Avril n'aurait plus besoin d'elle. La nappe qu'elle était en train de terminer représentait un verger en fleurs brodé de minuscules points d'épine absolument parfaits et bordé de pensées sauvages. Sainte Gracieuse était célèbre dans toute la Normandie pour son amour du cidre. Et bien qu'on la connaisse surtout pour ses pommiers, la sainte avait toujours eu un faible pour les chenilles et autres insectes nuisibles ; c'est pourquoi sœur Véritie en glissait toujours un ou deux dans ses broderies.

– Sors si tu en as envie, Avril. Mais ne t'approche pas de la rivière. Elle doit déborder après tout ce qui est tombé aujourd'hui ! Je crois aussi que tu devrais mettre ton imperméable.

En fait, c'était précisément la rivière qui intéressait Avril. Elle voulait voir les prés inondés, les arbres en suspens au-dessus de

l'eau et les berges effondrées. Mais elle était trop attentionnée pour le dire à sa tante Véritie, qui se serait certainement inquiétée.

Avril enfila ses bottes de caoutchouc, son imperméable, et s'engagea dans le chemin bordé de pruniers de Damas qui traversait la vallée. Elle enfonça les mains dans les poches de son imperméable et sentit sous ses doigts son petit canif en argent. Elle l'avait trouvé dans le grenier, et depuis le gardait précieusement, parce qu'il avait appartenu à son père. Elle le sortit de sa poche, l'ouvrit et commença à tailler un bâton avec le tranchant de la lame. Ses cheveux noirs et frisés scintillaient de gouttes de pluie. Chaque fois qu'elle sautait par dessus une flaque d'eau, ils se soulevaient en volutes brillantes, et ses yeux marron scrutaient avec bonheur les bois et les champs orageux tandis qu'elle approchait de la rivière. Elle ne vit pas Wolfie T. Volfango, qui l'observait à travers la lunette de son arc Spécial-Super-Chasseur-Action-Rapide-Vision-de-Nuit avec Autoviseur-Intégré.

A travers cette lunette, Avril ressemblait à un petit fantôme qui gesticulait et sautillait au milieu d'un pré invisible. Wolfie la regardait avec beaucoup d'intérêt. Il respirait bruyamment à cause de la concentration que cela lui demandait. Il s'interrogea sur la meilleure façon de la capturer. Il pouvait voir à la manière joyeuse qu'elle avait de patauger que ce ne serait pas facile.

Une heure plus tard, au fond des bois de Hilton Valley, Wolfie déroula son sac de couchage et se prépara pour une autre nuit humide.

– Je vais creuser un trou, décida-t-il. Oui, c'est ça. Je vais creuser un trou, et au-dessus je mettrai des branches, comme on fait dans les livres. Ensuite j'attendrai, jusqu'à ce qu'elle tombe dedans.

Il attrapa un morceau de viande séchée dans son sac et commença à le mâcher. En vérité, il n'aimait pas la viande séchée, mais il en mangeait tout le temps parce qu'il savait que c'était le genre de choses que prenaient les vrais aventuriers. Il mâchonna un moment, puis cracha. Il ajusta la bâche qu'il avait suspendue au-dessus de lui et tira la couverture trempée autour de ses épaules. La pluie tambourinait fortement sur le toit de son abri, rendant son sommeil impossible.

Pour oublier ce temps cauchemardesque, Wolfie essaya de penser à des choses agréables. Il pensa à l'argent qu'il allait recevoir de sa tante. Serait-ce suffisant pour des leçons de vol ? Pour s'acheter un hélicoptère ? Ou un petit avion à ailes fixes ? Un U.L.M. (Utra Léger Motorisé) ferait très bien l'affaire, se dit-il, ou un planeur, ou même un ballon montgolfière. Peu lui importait, tant qu'il se trouvait en suspension dans l'air.

De nombreuses personnes ont un ange gardien – à condition de le trouver, bien entendu –, et il arrive que ces anges gardiens provoquent la chute de ces mêmes personnes. C'est une chose étrange de la vie, voyez-vous, et c'était le cas de Wolfie.

Wolfie était un dingue d'aviation. La première fois qu'il avait vu une minuscule aiguille à coudre en argent traverser le ciel de Pasadena, il avait été fasciné.

Puis, à bord du jet pour l'Angleterre, il avait perçu le puissant ronflement et le vrombissement des moteurs. Ensuite, il s'était senti soulevé de terre et propulsé dans le ciel. Et là, l'envie de voler s'était emparée de lui. Quand l'engin avait tremblé, à peine une seconde, avant de s'élancer dans les airs depuis la piste de décollage, Wolfie avait été aux anges. Pour la première fois de sa vie, il avait compris, vraiment compris, le fait étonnant que le ciel commence quand on quitte la terre. Juste après la piste de décollage, Wolfie avait perçu le prodige et le mystère de l'aérodynamique.

Il n'y avait donc aucune possibilité pour que le bien triomphe du mal. Pas tout de suite, en tout cas. Wolfie savait, sans même y réfléchir, qu'il allait kidnapper Avril et demander la rançon. Il savait aussi qu'il ne laisserait pas sa tante emporter le butin. Pas tant qu'il pourrait l'en empêcher.

C'était pour cette raison qu'il était allongé dans son sac de couchage au fond des bois, en train d'imiter les bruits des avions afin de ne pas entendre les craquements de la nuit qui lui évoquaient des fantômes. Les yeux fermés, les doigts dans les oreilles, il se balançait doucement sous la bâche, tout en rêvant à l'immense étendue bleue.

De temps à autre, des visions de pièces de monnaie flottaient dans sa tête.

« Attrape l'enfant », murmura-t-il. « Attrape l'enfant, petit Wolfie, et cache-la. C'est facile ! »

Au même instant, Avril déboula à toute allure dans le virage du chemin boisé, comme si elle se dépêchait de rentrer chez elle après avoir piqué une tête dans la rivière Fenny. Elle trébucha en plein sur Wolfie T. Volfango qui, assis, les yeux fermés, imitait un moteur de jet. Tous deux se firent une belle frayeur.

Wolfie bondit, tomba à la renverse, sortit en rampant de son sac de couchage et le jeta sur la tête d'Avril. La pauvre se retrouva assaillie et plaquée au sol par des vagues de duvet. Suffocant et terrifiée, elle fit la seule

chose qu'elle pouvait faire : elle mordit de toutes ses forces la main que Wolfie avait plaquée sur sa bouche. Le goût n'était pas bon, mais ça marcha. Wolfie retira vivement sa main et regarda avec horreur les marques de dents qu'Avril avait laissées sur sa peau.

– C'est pas bien de mordre les gens ! dit-il en lâchant Avril et en suçant sa main. Tu n'as pas le droit !

La seconde d'après, Avril dévalait à toute vitesse le sentier. Wolfie la regarda fixement. Ce qu'il voyait disparaître au coin du virage n'était pas une enfant effrayée.

C'était ses leçons de vol. C'était son aéroplane. C'était tout ce qu'il désirait au monde. Il bondit sur ses pieds et s'élança à sa poursuite.

Avril perçut le pas irrégulier de Wolfie. Puis elle l'entendit qui haletait, au fur et à mesure qu'il gagnait du terrain sur elle. Elle courait, courait de plus en plus vite. Mais Wolfie la rattrapa aisément. Chat échaudé craint l'eau froide, dit-on ! Il la fit tomber par terre, la saisit et la jeta par-dessus ses épaules, comme un sac de haricots. Puis il se dirigea d'un pas sûr parmi les arbres ruisselants.

Wolfie se rendait dans un endroit secret que sa tante lui avait indiqué. Un endroit, lui avait-elle dit, idéal pour garder cachés les prisonniers. Il ne ressentait pas la moindre culpabilité – il ne pouvait tout simplement pas croire à sa chance. Valburga l'avait prévenu qu'Avril était une fille intelligente qui ne se laisserait pas facilement attraper. Et voilà que Wolfie la tenait, elle était sa prisonnière ! Et cela sans avoir eu à lever le petit doigt, sans même avoir eu besoin de creuser un trou.

Pendant ce temps, Avril essayait de voir où elle était transportée. Ce n'était pas facile, secouée comme elle l'était et avec la tête penchée, mais elle n'était pas d'une nature à abandonner si facilement. A présent, elle remarquait que les arbres s'éclaircissaient. Elle reconnut la route de Rockford Market. Elle semblait différente, vue avec la tête en bas.

Avril savait que Tom Pel descendrait bientôt cette route à vélo. C'était sur son chemin jusque chez Lucasta Lovelace, où il allait faire sa partie de scrabble hebdomadaire. « Je dois lui laisser un indice, se dit-elle. Comme ça, ils sauront de quel côté me chercher. »

Elle tenait son précieux canif à la main. Elle savait qu'elle n'avait pas droit à l'erreur. Le couteau devait tomber sur la route, et non pas dans les herbes hautes ni dans le fossé, ou il n'y aurait aucun espoir que Tom Pel, perché sur sa bicyclette, puisse le voir.

En équilibre sur l'épaule de Wolfie, et bondissant à chacun de ses pas, la petite fille devait larguer l'indice au bon moment. Ce n'était pas facile de lâcher le couteau comme si de rien n'était, alors qu'il avait appartenu à son père, et qu'il ne la quittait plus depuis qu'elle l'avait tenu dans la main pour la première fois. Mais Avril géra très bien tout cela.

Elle jeta un œil et aperçut, une fraction de seconde, le canif briller comme une minuscule goutte de lumière sur la route. Puis il disparut de sa vue tandis que Wolfie l'emmenait toujours plus loin.

« Tom Pel le verra, se dit Avril. Il le verra et il le ramassera. Il saura que c'est le mien, il m'a vue bricoler des centaines de fois avec, et il l'a souvent affûté

sur sa pierre à aiguiser. Il le rapportera à tante Véritie qui appellera la police. Puis ils réuniront des volontaires pour partir à ma recherche. Tout le monde y mettra du sien. Ils feront tout leur possible pour me retrouver. »

Avril connaissait les bois aux alentours de Hilton Hall mieux que Wolfie. Elle y avait passé de joyeux moments à grimper aux arbres et à construire des cabanes dans les branches. Mais elle n'en connaissait pas tous les coins et recoins, et quand enfin Wolfie s'arrêta, ce fut à un endroit où elle n'était encore jamais allée. Les vieux chênes y étaient rares. Des buissons de houx touffus formaient une espèce de haie à travers laquelle Wolfie se fraya un passage, piquant horriblement la pauvre Avril. Derrière cette haie s'étendait un champ rempli de trous d'eau et d'herbes folles, et au bout, sur un côté du champ, se tenait de guingois une misérable cabane en briques et en ardoises. Les fenêtres sales et cassées clignotaient dans la clarté de la lune qui se levait.

– C'est là que je vais te cacher, annonça Wolfie avec fierté. Qu'est-ce que tu en dis ? Au fait, je m'appelle Wolfie.

Avril ne répondit pas.

Loin derrière, sur la route de Rockford Market, Tom Pel se dirigeait lentement vers la maison de Lucasta Lovelace. Tout en pédalant, il répétait tranquillement :

– Xi, xénon, xérès. Yak, yen, yoga. Zèbre, zinc, zéphir, zinzin, zygoma. Wagon, wapiti, whist. Képi, kaki, koala. Cette fois je vais te battre, Lucasta Lovelace !

Il ne vit pas le petit canif d'Avril qui lui faisait un clin d'œil dans la clarté de la lune, au bord de la route.

CHAPITRE 4

– Ça va ? grogna Wolfie en déposant Avril sur le sol de la cabane à charbon.

C'était la première fois qu'il kidnappait quelqu'un, et il se sentait un peu mal à l'aise. Avril se mit à pleurer.

– Oh non, ne pleure pas ! la supplia Wolfie. S'il te plaît !

Mais Avril pleurait bel et bien. Si Wolfie lui avait dit quelque chose de désagréable, elle n'aurait peut-être jamais éclaté en sanglots. Mais justement, il n'avait rien fait de tel, et maintenant elle ne pouvait plus s'arrêter.

– Tu n'as pas de mouchoir ? lui demanda Wolfie.

Avril secoua la tête. Wolfie aurait aimé lui prêter le sien, mais il était vraiment trop sale.

– Je veux seulement t'échanger contre une rançon, dit-il. Ça ne te fera aucun mal.

Avril pleurait toujours. Wolfie se sentait de plus en plus triste. Il se dit que, si elle ne s'arrêtait pas, lui aussi allait se mettre à pleurer.

– Je vais simplement te garder ici jusqu'à ce que ta riche tante me verse la rançon. Après ça, je m'en irai. J'ai apporté de la nourriture, et aussi une pile de mes meilleures bandes dessinées que tu pourras lire. Alors arrête de pleurer, je t'en prie...

– Ma tante n'acceptera jamais ton chantage ! dit Avril fièrement.

(Mais secrètement, elle ne pouvait s'empêcher d'espérer que sœur Véritie accepte.)

Elle sanglota de plus belle.

– Je ne peux pas te libérer, petite Avril, dit Wolfie qui se sentait tout malheureux. Ça ne dépend pas de moi, tu sais. Il faut que je récupère l'argent de ta tante pour le donner à MA tante.

Ce n'était pas l'exacte vérité, bien sûr, parce que Wolfie avait l'intention de garder l'argent pour lui et de le dépenser en leçons de vol, ou d'acheter son propre avion, ou les deux. Et il était aussi payé pour mener à bien le kidnapping. Mais à l'idée qu'il faisait pleurer Avril pour simplement obtenir quelque chose qui lui faisait plaisir, il se sentait mal à l'aise.

– Tu ne connais pas ma tante, dit-il. Mais si tu la connaissais, tu ne voudrais pas la fâcher. Quand elle se met en colère, tout le monde le sait !

Il ramassa une corde derrière la porte et commença à attacher Avril.

Dans un premier temps, le fait que Wolfie l'attache n'effraya pas vraiment Avril.

Elle était persuadée qu'il ne savait pas bien faire les nœuds. Elle envisageait de se libérer en se tortillant dès qu'il aurait le dos tourné, et de se sauver. Ce qu'elle n'avait pas pris en compte – mais elle l'ignorait alors –, c'est que Wolfie T. Volfango avait été scout.

S'il y a une chose que les scouts savent faire, c'est les nœuds. Wolfie savait faire les nœuds de chaise, les nœuds de huit et les nœuds d'amarrage. Il avait même gagné des prix avec son macramé alors qu'il n'était que simple louveteau. Il n'y avait pas de nœuds de scout que Wolfie ne sache pas faire. Avril se rendit bientôt compte qu'elle avait affaire à un expert.

– Dis-moi, lui demanda-t-elle tandis qu'il travaillait à ses nœuds, sais-tu que kidnapper un enfant est un crime très grave ? On va t'attraper, et tu auras de très gros ennuis.

Wolfie s'arrêta au beau milieu d'un nœud de huit.

– Mais c'est pas moi qui ai eu l'idée, dit-il.

– Peut-être, mais le juge, lui, ça ne lui fera ni chaud ni froid. Aux yeux de la loi, tu es un kidnappeur, et moi je n'aimerais pas être à ta place quand ils t'attraperont. Tu iras en prison pendant des années. Tu sais à quoi ça ressemble, la prison ?

– Oui, dit Wolfie. Ma tante est dans une prison, et je suis allé la voir. C'est elle qui m'a demandé de te kidnapper.

– Mais c'est horrible ! s'exclama Avril. Ta propre tante t'a demandé de commettre un crime ? Mais elle doit être abominable !

– Ah ça ! Elle l'est !

– Alors tu es fou de faire ce qu'elle te dit !

– Elle m'a dit que ça ne ferait de mal à personne. Elle a dit que c'était défendu par la loi seulement aux États-Unis, pas en Angleterre.

– Et tu l'as crue ?

– Les tantes ne mentent jamais.

– La tienne ment ! Et de toute façon, comment peux-tu être d'accord avec ce qu'elle te dit de faire ? Tu n'es donc pas capable de penser par toi-même ? Tu ne te sens pas coupable ?

Et tout à coup, Wolfie se sentit coupable.

– Imagine un peu, poursuivit Avril, ce que ma tante, qui est adorable et qui m'aime énormément, est en train de vivre en ce moment ! Tu devrais avoir honte !

Wolfie se mit à pleurer.

– Allons, Wolfie, reprit-elle, je ne voulais pas te faire de peine ! Mais tu te rends bien compte qu'il faut me laisser partir, non ?

Wolfie secoua la tête.

– Je ne peux pas.

– Pourquoi tu ne peux pas ?

– Parce que j'ai peur de ma tante.

– Wolfie, tu n'es plus un bébé !

– C'est comme ça, je ne peux pas m'en empêcher.

Le pauvre Wolfie ne pouvait pas faire autrement. Et quelque chose de pire encore se préparait. Pendant qu'il s'asseyait pour réfléchir à la manière dont il pouvait remettre de l'ordre dans tout ça, et tout en se disant qu'il ne pouvait vraiment pas abandonner ses chances de prendre un jour des leçons de vol et d'acheter son propre avion, un orage s'approchait en grondant de la cabane à charbon. La pluie tombait à verse sur le toit d'ardoise et entrait en éclaboussant dans la cheminée. De grosses gouttes ruisselaient le long des vitres et les rafales tambourinaient à la porte. L'obscurité s'enroulait autour de la petite maison, et la nuit au-dehors se transformait en ennemie.

Une ardoise mal ajustée glissa du toit et se brisa en éclats sur le seuil. Au même moment, un éclair en forme de lance se précipita du ciel vers la terre, aussitôt suivi d'un coup de tonnerre. Wolfie laissa échapper un grognement de peur et rampa sous la table. Avril, qui sentait qu'elle était en train d'avoir le dessus, prit une profonde inspiration.

– Wolfie, je peux comprendre que tu as trop peur de ta tante pour me libérer, poursuivit-elle. Je vois bien que tu es un garçon plutôt lâche. Mais en même temps, je ne crois pas que tu as mauvais cœur. Est-ce que je me trompe ?

Wolfie ne répondit pas. Il essayait de se protéger de la lumière en rabattant son chapeau de Super Chasseur sur ses yeux.

– Écoute-moi bien, Wolfie. Tu vas écrire pour moi une lettre à tante Véritie. Tu la déposeras sur le perron de Hilton Hall et tu tireras la cloche d'entrée. Ensuite, tu iras te cacher derrière la haie jusqu'à ce que quelqu'un vienne la prendre. Après, tu reviendras ici.

– Et pourquoi est-ce que je ferais ça pour toi ? demanda Wolfie, l'air malheureux.

– Parce qu'en échange, je te promets de faire trois choses pour toi. D'abord, je te promets de ne pas essayer de m'échapper. Ensuite, je te promets que lorsqu'on t'attrapera – parce qu'on t'attrapera, Wolfie – je dirai au juge que tu as porté un message pour moi, malgré ta peur de l'orage. Cela devrait compter. Enfin, je te promets de te rendre visite en prison et de devenir ton amie. Mais seulement si tu portes la lettre. Tu le feras ?

Il y eut un long silence – si on ne compte pas les coups de tonnerre et les éclairs – pendant lequel Wolfie resta accroupi sous la table, son chapeau rabattu sur les yeux, sans dire un mot.

– Je suis certaine que je serai la seule personne à te rendre visite. La prison est un endroit terriblement solitaire, Wolfie. Alors, tu le feras ?

– Trois fois non !

– Que veux-tu dire par « trois fois non » ?

– Je veux dire que je ne le ferai pas.

– Mais tu dois le faire !

– Je ne suis pas obligé.

– Si, tu es obligé de le faire !

– Trois fois non ! Je ne suis pas obligé de le faire.

– Réfléchis un peu, Wolfie. Si tu le fais, ce sera très courageux et très gentil de ta part.

– Ça m'est égal.

– Ça ne t'est pas égal, Wolfie. Tout au fond de ton cœur, tu veux être brave et bon. Tu veux que les gens le sachent. Plein de gens. Ils diront : « Waouh ! Ce Wolfie est gentil et courageux » ; ou bien : « Il a peut-être fait ce que sa tante lui a dit de faire, et il aurait dû savoir que ce n'était pas bien, mais tout de même, il a su agir au moment critique. Wolfie T. Volfango est un héros ! »

Avril en ajouta peut-être une couche, mais ça marcha. Au mot « héros », Wolfie pointa le nez de dessous la table.

– Moi ? Un héros ? demanda-t-il.

– Oui, toi, Wolfie !

– Mais comment les gens sauront ce que j'ai fait, Avril ?

– Ce sera écrit dans tous les journaux, Wolfie.

– Vraiment ?

– Bien sûr ! Imagine un peu, Wolfie : UN HOMME SEUL A BRAVÉ LA TEMPÊTE ! LE COURAGEUX WOLFIE A RISQUÉ SA VIE POUR RASSURER UNE TANTE INQUIÈTE !

Ils te prendront en photo, aussi. Tu seras célèbre.

C'en était trop pour Wolfie. Qui n'avait pas envie d'être célèbre ?

– Je le ferai ! cria-t-il.

C'était un tournant dans sa vie. Pour la première fois, quelqu'un lui demandait de faire quelque chose de brave et de désintéressé, et il se vit sous une autre lumière. Finis Wolfie le stupide, Wolfie l'idiot, Wolfie que personne n'aimait. A compter de ce jour, il serait Wolfie le courageux ! Wolfie le généreux ! Wolfie le héros !

– Je le ferai ! cria-t-il de nouveau.

Et tout à coup, il se sentit très fier.

Avril faillit pleurer, mais cette fois de soulagement. « Les choses ne sont pas toujours aussi mauvaises qu'on l'imagine », se dit-elle. Elle sourit, et Wolfie, croyant que le sourire lui était destiné, lui sourit en retour.

Pourtant, ni l'un ni l'autre n'auraient souri s'ils avaient su ce que la tante de Wolfie faisait à cet instant précis.

CHAPITRE 5

A cinquante kilomètres au sud de Hilton Valley, les faisceaux blancs des projecteurs éclairaient de façon intermittente un énorme et sinistre bâtiment blanc.

Au fond d'une misérable cour où les prisonniers faisaient leurs exercices monotones, Valburga Viperine suait à grosses gouttes tout en creusant la terre humide.

Elle n'avait jamais aimé son neveu. Même lors de leur rencontre dans la bruyante salle des visites, elle avait douté de sa capacité à mener à bien leur projet. Et s'il y arrivait, qu'est-ce qui l'empêcherait de se sauver avec la rançon ? Elle-même, c'est ce qu'elle aurait fait.

– Il le fera ! grommelait-elle, tout en creusant. Ce petit gredin va voler mon butin !

La lettre de Gussie Godiva avait été la goutte d'eau qui avait fait déborder le vase. Valburga avait décidé sur-le-champ de sortir de cette prison, et de se rendre à Hilton Valley pour mettre la rançon dans un lieu sûr.

La bibliothèque de la prison était pleine de récits d'évasion. C'était les livres préférés des prisonniers, et Valburga les avait tous lus. Elle savait que le moyen le plus courant pour s'évader était de creuser un tunnel.

Pour cela, elle devait d'abord obtenir de déplacer sa couchette, ce qui ne fut pas difficile. Elle resta éveillée plusieurs nuits d'affilée en récitant par ordre alphabétique le nom de tous ses ennemis. Quand elle eut des cernes suffisamment grands sous les yeux, elle expliqua à son geôlier qu'elle était en train de développer un mauvais type d'insomnie.

– Et comme vous le savez, ajouta-t-elle, ce genre d'insomnie conduit directement à la démence et à la mort.

Ce n'était pas vrai, bien sûr, mais le geôlier ne le savait pas. C'était une bonne âme qui avait débarqué dans ce travail un peu par erreur, et qui ne l'aimait pas. Quand la tante de Wolfie lui expliqua qu'elle dormirait mieux si seulement elle pouvait déplacer son lit sous la petite fenêtre, contre le mur extérieur de sa cellule, il fut tout de suite d'accord.

La deuxième partie du plan de Valburga Viperine consistait à se comporter anormalement bien pendant une longue période. Ce fut plus difficile, mais elle y parvint, et elle fut autorisée à travailler à la ferme de la prison, le job favori des prisonniers.

On lui remit donc une paire de bottes en

caoutchouc et une bêche, et on lui demanda de bêcher les pommes de terre. Le jour, elle bêchait les pommes de terre, et la nuit, elle creusait un tunnel, dont l'entrée se trouvait sous son lit. Elle eut bientôt une idée pour cacher la terre qu'elle remontait à la surface : elle la glissa à l'intérieur de ses bottes, et la vida dans les sillons à pommes de terre. A force de creuser nuit et jour, elle développa des muscles puissants, et des pâtés de boue se formèrent à l'intérieur de ses bottes. Mais Valburga s'en fichait royalement.

CHAPITRE 6

Pendant ce temps, dans la cabane à charbon, Wolfie T. Volfango sortait un bout de crayon de sa poche, déchirait un bout de la couverture d'une vieille bande dessinée, et tendait le tout à Avril.

Avril réfléchit un moment. Puis elle écrivit :

Je vais bien, mais j'ai été kidnappée.
Essaie de ne pas t'en faire.
Bises, Avril.

Elle ôta un précieux pendentif de son cou – c'était un pendentif en argent que sa tante lui avait offert –, et l'enveloppa dans son petit mot. Puis elle le donna à Wolfie.

– Je peux pas attendre que l'orage se termine ? demanda Wolfie, plein d'espoir.

– J'ai bien peur que non. Ça va de mal en pis, et tu ne veux pas devoir être encore plus brave, n'est-ce pas ? Allez, va, et tâche de ne pas tomber dans la rivière ! Elle doit déborder maintenant.

L'heure suivante sembla durer une éternité à Avril, restée seule dans la cabane déserte. Ce n'était pas agréable d'être assise sur une vieille chaise de cuisine, solidement attachée par plusieurs tours de corde et deux nœuds et demi, et d'écouter les grondements de l'orage. Des éclairs d'une luminosité blanche, presque surnaturelle, continuaient de zébrer le ciel. La pluie sur la vitre déformait les arbres qui se débattaient et se démenaient dans la tempête. Un vieux buisson de roses, à moitié arraché du mur, venait taper contre la porte, évoquant à Avril des doigts de squelette.

Chaque fois que le tonnerre claquait, elle bondissait – autant qu'on peut bondir quand on est ficelé à une chaise –, et elle se demandait, malgré elle, ce qui se passerait si un éclair traversait le toit ou si la foudre tombait sur la cabane. Parfois, avoir trop d'imagination est une bonne chose. Et c'était le cas.

Des larmes coulaient sur le nez d'Avril et tombaient sur la table. En penchant la tête pour essuyer son nez sur son épaule, elle remarqua un mouvement derrière la fenêtre.

Deux gros yeux, fous, ronds et jaunes, la fixaient. Un visage cadavérique se balançait juste derrière la vitre. Il oscillait étrangement, de haut en bas et de gauche à droite. Il s'effaçait sous les nappes de pluie qui ruisselaient sur le carreau, et se recomposait aussitôt, comme un motif vu à travers un kaléidoscope. Avril laissa échapper un cri d'horreur. La face cadavérique répondit

avec un cri perçant. Puis des ailes silencieuses s'étendirent, des plumes pâles raclèrent la vitre, et Avril eut la vision fugitive du splendide envol d'une effraie qui disparut dans les bois sombres.

Presque toute sa frayeur s'envola avec, mais le choc la laissa affaiblie et un terrible sentiment de solitude l'envahit. Un souvenir réconfortant se glissa alors dans son esprit apeuré – il y avait longtemps, une effraie, une boule de duvet couleur crème comme une meringue, toute trempée, s'était endormie à l'intérieur d'un châssis.

– Je parie qu'elle a chassé les souris, lui avait expliqué Cosmo. A coup sûr, elle est repue, et maintenant elle dort.

Avril avait soulevé le couvercle du châssis

et porté doucement la petite effraie au dehors. La petite boule de plumes s'était nichée dans la paume de sa main, à peine une seconde, clignant des yeux dans la lumière du jour. Le souvenir de son duvet, tout doux contre sa main, renvoya Avril à sa solitude.

Peut-être était-ce mieux qu'elle ne sache pas que, tandis que l'effraie volait vers le bois malmené par la tempête, la cruelle tante de Wolfie sortait triomphalement de la bouche du tunnel et se dirigeait d'un pas ferme vers la cabane à charbon.

■■■ CHAPITRE 7 ■

Wolfie se tenait accroupi derrière le massif de rhododendrons dans le jardin de Hilton Hall. La pluie ruisselait le long de son nez, et il avait moins le sentiment d'être un héros que lorsqu'il était avec Avril. Personne ne semblait avoir entendu la cloche. Il sonna de nouveau.

Cinq minutes plus tard, il entendit des pas et aperçut un rai de lumière jaune sous la porte. Celle-ci s'ouvrit et sœur Véritie et Polly apparurent. Toutes deux scrutèrent avec inquiétude l'obscurité de la nuit. Elles espéraient de tout cœur distinguer Avril rentrer sous la tempête, mais il n'y avait personne. Véritie allait refermer la porte quand elle remarqua un morceau de papier froissé sur une marche du perron. Elle se pencha et le ramassa. Quelle ne fut pas sa surprise de voir tomber le pendentif d'Avril !

Véritie déplia et lissa la boulette de papier. Puis elle lut le message : une première fois rapidement, une seconde fois plus lentement. Elle serra contre elle le mot et le pendentif d'Avril, et se jeta dans les bras de Polly. Ensuite, toutes deux pivotèrent lentement sur leurs talons dans la lumière du hall d'entrée, comme deux automates sur une boîte à musique.

Caché dans la nuit, Wolfie les observait. Il se demanda si, un jour, quelqu'un serait aussi heureux de le savoir sain et sauf. La porte se referma sur la lumière réconfortante et les deux femmes enlacées. Wolfie s'en retourna, tout triste.

A l'intérieur de Hilton Hall, Polly et sœur Véritie se rassuraient l'une l'autre.

– Allons, sœur Véritie, gardez confiance, murmurait Polly. Le kidnappeur qui sera plus malin qu'Avril n'est pas encore né !

– Oui, vous avez raison, comme toujours, lui dit en souriant sœur Véritie. Et au moins on sait qu'elle est en vie. Pour cela, nous devons être reconnaissantes. Je vais appeler la police et leur demander de l'aide.

Quelques instants plus tard, l'inspecteur en chef Barry Bullpit ouvrait un fichier sur son ordinateur. « Avril Anethy », lut-il. « Fille orpheline d'Antonia et André Anethy. Élevée par les sœurs des Petites Clémences jusqu'à l'âge de trois ans, quand elle fut réclamée par sa fausse tante. »

L'inspecteur en chef rougit. Il savait qu'il était en partie responsable de ce qui s'était passé par la suite. Et visiblement, Avril était de nouveau en danger. Barry Bullpit se gratta le menton et réfléchit sérieusement.

– Au moins, cette fois, ça n'a rien à voir avec cette fausse tante, se dit-il. Elle est hors d'état de nuire, derrière les barreaux.

Il téléphona à sa femme pour lui dire qu'il ne rentrerait pas dîner, et partit en courant à la gare acheter un billet pour Hilton Valley.

■■■ CHAPITRE 8 ■

Tom Pel tenait sa bicyclette à la main et disait bonsoir à Lucasta Lovelace, son amie et partenaire au scrabble. La pluie froide tombait toujours à verse, et chaque fois que la lune trouvait une brèche parmi les nuages orageux, la route scintillait de reflets argentés. Derrière la maison de Lucasta, la rivière Fenny débordait, bouillonnante et écumante. Tom rabattit son chapeau sur son front et boutonna son imperméable.

– « Quartz ! » s'émerveilla-t-il. Il n'y a

que toi pour trouver le mot « quartz », Lucasta !

Lucasta sourit.

Tom et Lucasta avaient été amoureux des années auparavant, quand ils étaient jeunes, mais Lucasta avait trouvé la vie au village trop tranquille, et elle s'était enfuie vers la mer. Elle avait débarqué à Georgetown, en Guyane, et avait parcouru le sud et l'ouest du formidable bassin amazonien. Là, elle avait passé plusieurs années captivantes à vivre parmi les gens timides et secrets de la région, absorbant tout ce qu'elle pouvait de leurs vastes connaissances.

Quand elle était rentrée à Hilton Valley, elle avait retrouvé Tom, qui, de son côté, avait pris ses petites habitudes. Il ne voyait pas de raison de les changer en abandonnant la liberté d'une vie de célibataire. Lui et Lucasta se rencontraient donc presque toutes les semaines pour partager une bouteille d'alcool de primevère, et une ou deux parties de scrabble. Puis ils se séparaient, heureux d'avoir passé un moment ensemble, mais contents également de retrouver chacun sa vie.

Tandis que Tom pédalait lentement sous la pluie, tout en se souvenant du bon vieux temps, Lucasta Lovelace se dirigeait en trébuchant sous l'orage, vers le petit hangar à bateau au bord de la rivière. Elle y gardait un petit bateau à moteur, l'*Amazone Queen*. Chaque été, elle descendait la Fenny, parfois jusqu'au formidable estuaire salé, avant que la brume d'automne l'oblige à faire demi-tour. La nuit s'annonçant de plus en plus difficile, Lucasta voulait s'assurer que l'*Amazone Queen* était en sûreté. Elle allait avoir une mauvaise surprise.

Le tonnerre grondait toujours, et l'étrange langue de lumière continuait de claquer à travers les nuages. Tom Pel, sur sa bicyclette, songeait aussi à la rivière, mais c'était la pêche qui occupait son esprit, pas les bateaux. Il aurait aimé tenter sa chance et profiter que les poissons étaient remués par l'eau bouillonnante. Il soupira de bonheur au souvenir de la boîte d'hameçons de mouches artificielles que son grand-père lui avait offert pour ses dix ans.

Au même moment, la lune se glissa entre deux nuages et quelque chose attira son attention. Quelque chose qui brillait dans l'herbe, au bord de la route. Il descendit de sa bicyclette et jeta un œil.

– Ça alors ! s'exclama-t-il. C'est tout de même pas le canif de mam'zelle Avril !

Il le ramassa, le glissa dans la poche de son imperméable et, remontant sur sa bicyclette, il se dirigea, songeur, vers Hilton Hall.

Quand il rentra chez lui, une silhouette familière, vêtue d'un vieux manteau et d'un chapeau, l'attendait, assise sur le seuil derrière sa maison, fumant la pipe à la clarté de la lune. A son côté, un vieux poney rouan tondait en mâchonnant la pelouse envahie de mauvaises herbes.

– 'Soir, Grand Tom, dit Tom Pel en descendant de sa bicyclette. Tu es au courant pour Avril ? J'ai trouvé son canif, sur la route de Rockford Market. Alors j'ai fait un détour par la grande maison pour le rapporter. Ils sont dans tous leurs états, là-haut. Ils ont trouvé un mot sur le perron, avec à l'intérieur le pendentif de mam'zelle Avril. C'est écrit qu'elle a été kidnappée.

– Ah ! C'est donc cela ! J'avais bien senti quelque chose qui me chatouillait les os, répondit Grand Tom. Alors j'ai mis le cap jusqu'ici, pour voir si j'pouvais me rendre utile…

– Les gens du voyage sont arrivés dans la vallée hier soir, remarqua Tom Pel. Qu'est-ce que tu dirais de leur rendre une petite visite, Grand Tom ?

– Le plus grand bien, Tom Pel. Mais avant, retourne d'où tu viens et réveille Lucasta Lovelace. On va avoir besoin de son aide avant la fin de la nuit.

Tom Pel, malgré ses courbatures, grimpa

de nouveau sur sa bicyclette et refit en sens inverse le chemin qu'il venait de parcourir, pendant que papa Fettler remontait la vallée sur son vieux poney, Rosie.

Papa Fettler était ami avec les gens du voyage depuis qu'ils venaient dans la vallée. Il garait souvent sa caravane à côté de la leur, et passait une semaine ou deux en leur compagnie. Parfois, il lui prenait la fantaisie de voyager avec eux pendant six mois ou un an. Parmi ces nomades, son amie la plus proche était une vieille, une très vieille femme.

Elle avait plus de cent ans, disaient les membres de sa famille. Ils exagéraient certainement un peu, mais c'était vrai qu'elle avait l'air d'avoir cent ans, et papa Fettler la connaissait maintenant depuis un bon moment. Elle avait des cheveux blancs qu'elle tressait en deux nattes raides qui tombaient en dessous de ses genoux. Elle portait un lourd manteau, été comme hiver, parce que ses vieux os sentaient le froid.

Elle avait des boucles d'oreilles en or, des bagues, et une très jolie pipe en bois marron foncé dans laquelle elle fumait une sélection d'herbes. Elle s'appelait Rachel.

On dit des gens du voyage qu'ils peuvent lire l'avenir, jeter des sorts, faire disparaître les verrues, et parler aux chevaux. Peu importe que ce soit vrai ou non, Rachel savait toujours des choses que les autres gens ignoraient, et papa Fettler passa une demi-heure anxieuse dans la caravane de sa vieille amie. Elle s'était assise en lui tournant le dos, penchée sur quelque chose de précieux qu'elle tenait dans son giron. De temps à autre, elle prenait une profonde inspiration. Évidemment, elle n'aimait pas beaucoup ce qu'elle voyait.

– Des flammes, murmura-t-elle. Des flammes meurtrières. Pauvre enfant. Pauvre enfant sans mère…

Peut-être était-ce mieux que papa Fettler ne puisse pas voir dans la boule de cristal. S'il l'avait regardée, il aurait vu, dans son

cœur froid et transparent, des flammes rouges léchant avec colère un petit être prisonnier et abandonné. Il aurait vu aussi un individu au visage cruel se diriger à grands pas vers les bois de Hilton Valley. Et un moulin en ruine au bord de la rivière Fenny.

Quand Rachel se retourna vers papa Fettler, son visage était des plus malheureux :

– Que la chance soit avec vous, mon ami, lui dit-elle. Pour le bien de cette pauvre enfant. La chance et le temps, papa Fettler !

CHAPITRE 9

Au fond des bois, la cabane à charbon tremblait sous l'assaut de l'orage. Le tonnerre déchirait le ciel. Les éclairs tour à tour révélaient puis cachaient les cimes en lambeaux des arbres, les faisant bondir et vaciller. A l'intérieur de la cabane, Avril était assise, pâle et immobile, sur la chaise où Wolfie l'avait attachée.

Quand Avril était une toute petite fille, Polly Cockle lui avait expliqué que la poésie pouvait être d'un grand secours en cas de difficultés. Elle décida alors de garder son sang-froid en récitant un de ses poèmes préférés.

« *Les sept âges de la vie*, de William Shakespeare », commença-t-elle d'une voix ténue mais assurée.

Le monde entier est un théâtre,
Et tous, hommes et femmes, n'y sont que des acteurs.
Ils ont leurs sorties, leurs entrées,
Et chacun dans sa vie a plusieurs rôles à jouer
Dans un drame en sept âges. D'abord le nouveau-né
Vagissant et bavant dans les bras de la nourrice.
Puis l'écolier geignard, cartable
Et visage frais du matin, qui, comme l'escargot, se traîne
A regret à l'école.

Avril sentit le courage lui revenir. Elle s'assit bien droite, et allait enchaîner la suite du poème quand, soudain, un violent coup de tonnerre, qui sembla bondir du ciel noir pour atterrir sur le toit même de la maison, retentit. Le plafond, les murs et le sol vibrèrent. Puis un bruit, semblable à du papier épais qu'on froisse, mais un million de fois plus fort, déchira l'air. Avril se recroquevilla tant qu'elle put sur sa chaise, ferma les yeux, essaya de ne pas entendre, de ne pas voir, de ne pas sentir, ni même de comprendre. En vain. Une seconde plus tard, des lueurs vacillèrent et une odeur de brûlé lui apprit que le pire s'était produit. La foudre était tombée sur la cabane, brisant en éclats les ardoises et enflammant les combles. Au-dessus de sa tête, les lattes et le plâtre du plafond commençaient à craquer. Avril comprit trop bien le danger mortel de la situation. Elle était seule, prisonnière, sans le moindre espoir de s'échapper dans une maison en feu.

Dans une maison en feu, le plus grand danger est la fumée, et déjà des volutes de fumée noire ondoyaient depuis le plafond, s'enroulant autour de la tête d'Avril. Tout en commençant à suffoquer, elle se dit que l'air serait plus respirable à même le sol. Avec un violent effort, elle bascula d'un coup sa chaise, écorchant ses genoux et éraflant ses coudes, et tourna son visage vers le plancher.

Une fumée grasse et noire envahit rapidement la moitié supérieure de la petite pièce. Le papier goudronné qui avait été étendu sous les ardoises tombait en lambeaux tout autour d'elle, rendant la fumée nocive et provoquant de nouveaux petits foyers sur le plancher. Avril ferma les yeux et essaya de basculer à nouveau sa chaise, avançant centimètre par centimètre sous la table. Le plateau de la table était en émail blanc. Il la protégerait peut-être des étincelles, à condition qu'elle parvienne à se faufiler dessous.

Juste au moment où elle glissa sa tête et ses épaules sous la table, une cascade de chevrons brûlés tomba dans la pièce. Une fumée épaisse s'enroula autour de son visage, lui piquant le nez, les yeux, la gorge. Elle essaya de retenir sa respiration, mais personne ne peut faire ça très longtemps. Soudain, elle expira violemment, si bien que, l'instant d'après, elle allait être obligée de remplir ses poumons avec la fumée suffocante. Dans le petit laps de temps entre l'inspiration et l'expiration, la porte de la cabane s'ouvrit brusquement, et une créature miroitante, couverte d'une substance noire, épaisse, se précipita dans la pièce.

C'était Wolfie T. Volfango. Il était tombé dans la rivière en revenant de Hilton Hall où il avait déposé le mot d'Avril. En grimpant sur la berge, il s'était recouvert d'une boue noire gluante. C'est cela qui lui permit de sauver Avril. Les étincelles pleuvaient sur lui tandis qu'il se tenait, immobile, muet de stupeur, au milieu de la pièce envahie par les flammes. Des particules grésillantes volaient sur lui, chuintant et s'éteignant au contact de la boue. Il ne pouvait pas voir Avril, dont les pieds étaient tout ce qui dépassait d'elle sous la table en émail blanc, mais il pouvait très bien l'entendre.

En se penchant pour jeter un œil sous la table, Wolfie tomba nez à nez avec elle. D'une main, il envoya valser la table et, de l'autre, il emporta Avril et la chaise sur laquelle elle était attachée. Il la maintint

contre sa poitrine pleine de boue et se précipita d'un bond hors de la cabane en feu.

Wolfie et Avril avaient à peine franchi la porte que le toit s'effondra. Des flammes et des étincelles jaillirent, sifflant dans la pluie. En quelques minutes, il ne resta de la cabane qu'une coque qui brûlait furieusement.

– Merci, Wolfie, dit Avril d'un ton sarcastique. Maintenant, peut-être pourrais-tu me détacher ?

Wolfie acquiesça, l'air penaud. Il n'avait jamais voulu blesser Avril. Il jeta un œil aux restes embrasés de la cabane à charbon, et ses mains tremblaient tellement qu'il ne parvint pas à défaire les nœuds qu'il avait faits. Il coupa à moitié le premier nœud à l'aide de son couteau de Super Chasseur quand, jaillissant soudain de derrière un buisson épais de houx, bondit une immense silhouette, vêtue de l'uniforme des prisonniers.

CHAPITRE 10

– Alors, Wolfie ! On libère la prisonnière ? Qu'est-ce qui te prend de faire une chose aussi stupide ! Tu ne sais donc pas que cette petite peste glisse comme un serpent ?

Wolfie ouvrit grand les yeux, stupéfait.

– Tatie ! s'exclama-t-il. Qu'est-ce que tu fais ici ? Pourquoi tu n'es pas en prison ?

Avril ne disait rien. Elle s'était évanouie, comme cela arrive à certaines personnes, tout de suite après qu'elles ont couru un grand danger. Elle était étendue immobile dans l'herbe mouillée, avec la corde et les nœuds. En la regardant, Wolfie sentit un changement s'opérer en lui. Cela avait quelque chose à voir avec ses sentiments pour Avril. Tout ce qui pouvait arriver à la petite fille lui sembla soudain plus important que ce que sa tante pouvait lui faire.

– Tu ne t'imaginais tout de même pas que j'allais te confier entièrement ce travail ! poursuivit sa tante.

– Mais je m'en sortais plutôt bien, tatie.

– Plutôt bien ? Et qu'est-ce que tu appelles t'en sortir plutôt bien ? Tu as mis le feu à la cabane dans laquelle tu étais censé garder ton otage. Les flammes s'élèvent jusqu'à cinq cents mètres dans le ciel ! Pendant que tu y étais, tu aurais pu aussi envoyer un feu d'artifice pour dire : « Nous sommes là ! » En plus, je suis certaine que tu n'as pas encore demandé la rançon ! Tu n'es qu'un idiot, Wolfie !

Wolfie regardait ses pieds, mal à l'aise. Il jeta un œil à Avril. La petite fille revenait à

elle. Elle s'assit tout en se frottant les bras, là où la corde l'avait éraflée. Puis elle leva les yeux vers la tante de Wolfie et tomba de nouveau dans les pommes. Wolfie secoua la tête.

– J'ai porté un mot, tatie. J'ai porté un mot à la grande maison pour dire qu'Avril va bien. Comme ça, sa tatie ne s'inquiétera pas.

– Ne me dis pas que tu as fait ça, espèce de gros nigaud ! hurla Valburga. Je veux que sa tante s'inquiète ! A en tomber malade ! C'est pour ça qu'on a kidnappé la petite peste. Pour que la religieuse ait peur et qu'elle paie une fortune ! Si elle n'a pas de raison de s'inquiéter, alors pourquoi nous donnerait-elle une rançon ? Tu es encore plus sot que Gussie me l'a écrit. Tu es plus bête qu'un âne, ma parole ! Je ne sais pas comment mon abrutie de sœur a fait pour avoir un fils pareil !

Le pauvre Wolfie baissa la tête. Avril était de nouveau revenue à elle, et elle fixait, bouche bée, la tante de Wolfie. Pendant un moment, elle resta sans voix. Parce que la tante de Wolfie ne lui était pas inconnue. Pas inconnue du tout.

– Valburga Viperine ! s'exclama-t-elle. Vous devriez être en prison ! C'est donc vous l'horrible tante de Wolfie ! C'est vous qui lui avez dit de me kidnapper ! Alors maintenant, taisez-vous ! Wolfie n'est pas stupide du tout, ni bête, il est tout simplement gentil, plus gentil que vous, alors pour l'amour du ciel laissez-le tranquille, vous n'êtes qu'un tyran tout pourri !

– Ne me parle pas sur ce ton, sale petite gamine ! siffla Valburga. Il est temps que tu apprennes à parler à tes aînés et à tes supérieurs. Je vais t'apprendre le respect, moi, non mais !

– Aînés, peut-être, mais supérieurs, non ! s'écria Avril. Et vous n'avez strictement rien à m'apprendre ! Détache-moi, Wolfie !

Personne n'avait jamais dit à Wolfie qu'il était gentil. On ne l'avait jamais traité que de stupide et de sot. Sa mère était horrible, tout comme sa tante, et il n'avait pas connu son père. Il n'avait ni frère ni sœur, pas même des cousins pour le défendre. Et par-dessus tout, à l'école, ses professeurs avaient l'habitude de dire des choses comme : « Wolfie n'essaie tout simplement pas », ou encore : « Ce Wolfie est un gros fainéant. »

L'enfance de Wolfie n'avait pas été heureuse, et ce qu'il pensait de lui-même n'avait rien de ce sentiment agréable et fier que l'on doit ressentir. La plupart du temps, il se sentait un bon à rien triste et mélancolique. Et voilà qu'Avril disait à son horrible tante qu'il n'était pas stupide ! Elle lui avait même dit qu'il était GENTIL ! Ignorant Valburga, Wolfie se pencha vers Avril et secoua avec politesse sa petite main.

– Je suis désolé de t'avoir kidnappée, Avril, dit-il.

– Tu ne m'as pas vraiment kidnappée, Wolfie. J'ai trébuché sur toi, si tu te souviens bien. C'est juste après que tu m'as attrapée, mais si je ne m'étais pas pris les pieds dans ton sac de couchage, tu ne m'aurais jamais kidnappée. Et puis tu as porté le message à Hilton Hall, et tu es revenu me sauver la vie. Tu es O.K., Wolfie. Maintenant, viens me détacher.

Wolfie rougit.

– Tout de suite, Avril, murmura-t-il. Tout de suite…

– Ah non ! Tu ne la détacheras pas, Wolfie T. Volfango, gronda Valburga. Tu sembles avoir oublié que c'est moi qui commande ! Et puis je n'ai pas perdu mon temps en prison. J'y ai même appris quelques tours de magie très intéressants et très utiles. Je savais que j'aurais besoin de ces tours, une fois sortie… Comme hypnotiser quelqu'un, par exemple…

– Pas moi, je préférerais pas, dit Wolfie, nerveux.

– Je me fiche pas mal de ce que tu préfères ! aboya sa tante. Regarde-moi dans les yeux !

Wolfie fit ce qu'elle lui demandait. Il ne pouvait pas faire autrement. Les yeux froids de Valburga le fixaient, quasiment inexpressifs, juste animés d'une pulsation mouvante d'horrible cruauté. Ses pupilles étaient sombres et sinistres, semblables à des têtards. Wolfie entendait la voix de sa tante, comme si elle venait de très loin. Il se souvint qu'il avait déjà ressenti cela, un jour où le dentiste lui avait fait une piqûre. Cette fois, c'était sa tante Valburga qui, d'une façon ou d'une autre, l'endormit. Il secoua sa tête lentement, mais ça ne l'aida pas. Il se sentait tout engourdi.

– Wolfie T. Volfango, disait Valburga. Tu vas faire exactement ce que je te dis de faire. Tu obéiras à chacun de mes ordres. Tu m'entends, Wolfie ?

Wolfie acquiesça.

– Qu'est-ce que tu vas faire, Wolfie ?

– Je vais obéir à chacun de tes ordres, tatie, répéta Wolfie d'un ton monotone.

Valburga Viperine eut un grand sourire triomphant, puis elle se tourna vers Avril.

– Maintenant à nous deux, mademoiselle l'agitatrice ! dit-elle.

Avril ferma les yeux et serra les paupières.

– Je ne vous écouterai pas et je ne vous regarderai pas dans les yeux ! dit-elle.

– Comme tu veux, répondit Valburga. Mais je suis sûre que tu aimerais entendre ce que je vais faire de ton stupide ami…

– Je ne vous écoute pas, dit Avril.

Mais ce n'était pas vrai.

– Très bien, dit en souriant Valburga. Vois-tu, je n'ai pas besoin de Wolfie, puisque je t'ai, toi. Et Wolfie risque de m'encombrer plus qu'autre chose. Autant dire qu'il ne s'est jamais distingué par son intelligence, et j'ai mieux à faire que de le traîner derrière moi toute la nuit. Alors je vais lui ordonner de marcher jusqu'à la rivière Fenny. Et de s'y asseoir. Intéressant, non ?

– Non ! hurla Avril. Vous ne pouvez pas ! Vous n'avez pas le droit !

Elle se mit à quatre pattes et fixa Valburga avec horreur. C'était exactement ce qu'attendait la Poison.

Ses yeux froids plongèrent aussitôt dans ceux de sa victime. Avril sentit la haine de Valburga suinter dans ses pupilles noires et sinistres, engourdissant son esprit encore vif. Tout au fond d'elle, sa conscience résistait, inébranlable et forte. Mais le magma glacé du pouvoir hypnotique de la tante de Wolfie la cerna. Il s'étalait et coulait comme de la lave. En quelques secondes, Avril devint son esclave.

Valburga souriait. Elle prit le canif de Wolfie et défit les nœuds qui retenaient encore Avril.

– C'est très bien, dit-elle. Maintenant, donnez-vous la main, et faites exactement ce que je vous dis. Un, deux, marchez !

Avril et Wolfie se mirent en route en traînant le pas. C'était un sentiment étrange, désagréable. Les prisonniers pouvaient voir, sentir, entendre et parler, mais la force invisible d'un pouvoir glacé les soumettait complètement aux désirs de leur ravisseuse. Bientôt, il leur parut évident qu'ils se dirigeaient droit vers la rivière bouillonnante, dans laquelle Wolfie était tombé quelques instants plus tôt. L'idée que Valburga avait peut-être décidé d'abandonner la rançon et de noyer les preuves traversa l'esprit d'Avril. Leurs corps ne seraient jamais retrouvés. Les puissants courants les emporteraient vers l'immense mer salée, où ils seraient à la merci des poissons. « Si seulement quelqu'un savait où nous sommes », se dit Avril misérablement. « Si seulement quelqu'un pouvait nous voir ! »

Mais personne ne les vit. Personne ne pouvait les voir. Sauf une vieille, très vieille dame, qui observait avec anxiété sa boule de cristal.

■ CHAPITRE 11 ■■■

L'impétueux grondement de la rivière Fenny emplit bientôt les oreilles des prisonniers. Le tranquille cours d'eau qui, d'habitude serpentait en secret les bois et les prés, s'était transformé en un torrent bouillonnant qui inondait les berges. La Fenny grondait et sifflait comme une bouilloire en furie. Les saumoneaux et les truites d'eau douce étaient malmenés comme des aiguilles de pin. Les petites civelles noires bondissaient joyeusement parmi les tourbillons et les remous, et une couvée de canards plongeait et nageait dans l'écume. Cette scène aurait certainement plu à Avril, mais le fait d'être prisonnière, et sous hypnose, la privait de tout ce charme.

– Longez la berge à contre-courant ! aboya Valburga. Et plus vite que ça !

Avril et Wolfie avançaient en titubant. L'eau s'enroulait autour de leurs chevilles, la pluie ruisselait le long de leur cou et coulait jusque dans leurs manches.

A présent, les bois s'éclaircissaient sur des champs ouverts inondés. Les arbres émergeaient tant bien que mal au-dessus de l'eau, et l'herbe était couverte de bulles argentées. Un peu plus loin, la Fenny s'élargissait en un bassin. Sur la berge se trouvaient des entrepôts délabrés et un vieux hangar à bateau abandonné, qui dataient du temps où les barges remontaient la rivière.

Avril se demanda si Valburga les laisserait s'arrêter pour faire une pause et se remettre de l'orage. Elle l'espérait de tout cœur. Elle avait été poursuivie, kidnappée, attachée, enfermée dans une cabane en feu, sauvée, puis hypnotisée, et maintenant elle marchait les pieds dans l'eau en pleine nuit, et elle était complètement épuisée.

Ils longèrent les entrepôts désaffectés et se dirigèrent vers le hangar.

– Dépêchez-vous d'entrer ! ordonna Valburga.

Avril trébucha. Wolfie fit de son mieux pour lui adresser un sourire encourageant, mais il ne parvint qu'à lui faire une grimace. Ils avancèrent en titubant dans le hangar à bateau et s'effondrèrent sur des bâches empilées dans un coin.

– Debout ! aboya Valburga. Je ne vous ai pas dit de vous asseoir ! Debout et grimpez à bord !

Avril scruta l'obscurité autour d'elle.

Il n'y avait jamais eu de bateau dans ce hangar. En tout cas, pas de bateau à proprement parler, sur lequel monter à bord. Quand elle était petite, il y avait bien eu, un été, un canot à rames complètement inutilisable. Elle y avait joué aux pirates et piqueniqué, mais ça faisait une éternité qu'il n'était plus là ; un vagabond avait dû s'en servir pour faire un feu de bois.

Valburga alluma une lampe et, à sa clarté, Avril distingua, oscillant sur l'eau noire, un petit bateau en parfait état qu'elle connaissait bien. L'*Amazone Queen*, le bonheur et la fierté de Lucasta Lovelace. Avril et Wolfie grimpèrent tant bien que mal à bord du petit bateau à moteur, Valburga sur leurs talons.

– Larguez les amarres, et plus vite que ça ! ordonna-t-elle.

Wolfie obéit. Le moteur du petit bateau se mit en marche aussitôt que le doigt de Valburga apppuya sur le démarreur, et l'*Amazone Queen* s'élança dans le contre-courant agité et houleux.

L'*Amazone Queen* était une petite merveille. Deux petits bancs en bois poli, avec des coussins en velours, se transformaient en couchettes. Les placards étaient remplis de bouteilles et de boîtes. Il y avait une petite poêle avec des casseroles et des pots, et une hotte aspirante qui traversait le pont. Il y avait aussi de vrais petits hublots avec des rideaux, et des eaux-fortes de la rivière Fenny à différentes saisons, gravées par le père de Lucasta Lovelace.

Valburga Viperine ne remarqua rien de tout cela. Elle n'avait pas d'yeux pour la beauté. Elle poussa les prisonniers sur un banc, sans les quitter de son mauvais regard. Elle ordonna à Avril de tirer les rideaux et d'allumer une bougie. Puis elle prit une carte et la parcourut d'un rapide coup d'œil.

– Bien, dit-elle. Vous deux, prenez la barre, et faites attention à ne pas rencontrer de débris flottants, ou de ponts trop bas. Si le bateau coule, alors vous coulerez avec. Débrouillez-vous pour garder le cap. Moi je reste ici, au sec, bien installée, avec les pieds en hauteur. Mais gare ! Je vous ai à l'œil.

C'est donc ainsi, couverte par l'obscurité, que l'*Amazone Queen* navigua cahin-caha sur les flots de la Fenny. Wolfie et Avril prenaient garde de maintenir le bateau au milieu du courant. De temps à autre, ils le détournaient d'un tronc flottant, ou l'écartaient de la berge. Chaque fois qu'ils jetaient un regard à Valburga, ils la voyaient assise, ses pieds boueux sur les housses en velours de Lucasta, et ses coudes sur la table. Ses yeux froids les fixaient d'une manière qui leur faisait oublier toutes leurs pensées, leurs sentiments, leurs espoirs et leurs peurs, et les obligeait à se concentrer uniquement sur ses volontés égoïstes.

■■■ CHAPITRE 12 ■

Le lendemain matin trouva Avril, Wolfie et Valburga amarrés sur la berge du Bras du Meunier. Valburga avait ordonné à ses prisonniers de se cacher le mieux possible dans un vieux moulin abandonné.

Tandis qu'Avril était assise parmi les décombres, ruminant de sombres et tristes pensées, le monde au-dehors se réveillait, vérifiant qu'il était encore en un seul morceau après la tempête. Le soleil se levait dans un ciel d'un vert menaçant, illuminant la vallée d'un chatoiement hivernal. Ses rayons se faufilaient par une porte cassée à l'est, pour en ressortir par une autre, à l'ouest. Sur les linteaux de chaque porte, on devinait les restes d'une imposte. Dans le passé, le meunier devait voir le soleil se lever par une porte, et se coucher par l'autre.

Les canards remontaient la rivière Fenny tout en secouant leurs ailes, ravis de la fête saisonnière des civelles. Mais à présent, quelque chose sur la berge les dérangeait. Trois silhouettes étaient tapies dans les ruines du moulin. Les canards s'arrêtèrent, raillèrent, puis ils s'envolèrent, bas dans le ciel, parce que leur ventre était rempli de jeunes anguilles.

Pendant ce temps, Valburga faisait cliqueter quelque chose dans les poches de son uniforme. Elle fouilla et en sortit deux paires de menottes toutes neuves, deux bouts de chaînes, et deux lourds cadenas. Elle installa chacun d'entre eux sur le sol à côté des prisonniers. Puis, avec un regard

d'une formidable intensité, elle ordonna à Wolfie de passer les menottes à Avril et enchaîna la petite fille aux barreaux d'une vieille mangeoire. Elle l'obligea ensuite à s'adosser à un impressionnant boulet à moitié enfoncé dans la terre.

Solidement encastré dans la pierre se trouvait un gros anneau en fer. Avril l'avait remarqué la dernière fois qu'elle était venue ici. Papa Fettler lui avait expliqué ce que c'était.

« Cet anneau est là depuis des lustres ! lui avait-il dit. Quand le moulin a arrêté de fonctionner, un fermier l'a fixé dans la pierre. Il possédait le plus gros, le plus lourd taureau de tout le pays, un vrai champion, doux de caractère, à condition de ne pas le provoquer. A la moindre contrariété, c'était l'enfer. Rien ni personne ne pouvaient en venir à bout. Le fermier a fini par l'enchaîner ici. Il n'était pas si malheureux que ça. Il avait l'abri de la grange, et le fermier avait fait en sorte que la chaîne soit assez longue pour qu'il sorte sans problème et broute quand il en avait envie. Une fois qu'il a été enchaîné, les gens du pays se sont sentis en sécurité. »

C'est précisément à cet anneau que Valburga Viperine enchaîna son neveu Wolfie. Elle n'avait aucun sens de la famille. Elle se contenta de fermer le cadenas et jeta la clé et celle d'Avril dans la rivière. Puis elle sortit une feuille de papier et un stylo bille de sa poche. Voici ce qu'elle écrivit :

Chère sœur Véritie,

J'ai avec moi votre méchante petite nièce, Avril. Elle est ma prisonnière, et je l'ai enchaînée quelque part où vous ne la trouverez jamais. Si vous voulez la récupérer, mettez 20 000 livres dans un sac, et posez-le dans les ruines de la cabane à charbon.

Je vais quitter le pays dans peu de temps. Quand je serai partie, avec l'argent, je vous ferai savoir où se trouve votre nièce. Si l'argent n'est pas dans le sac, si quelqu'un essaie de me voir ou de me suivre, ou si je n'arrive pas à destination avec l'argent, alors vous ne recevrez aucune instruction.

Je vous préviens que, si vous ne trouvez pas votre nièce avant trois jours, alors elle ne sera malheureusement plus en vie. Il y a un jeune homme avec elle. C'est un criminel et il doit être enfermé. S'il dit qu'il est de ma famille, il ment.

Bien à vous,

VALBURGA VIPERINE

Quand Valburga eut terminé la lettre, elle se releva et inspecta les ruines du moulin. Satisfaite de voir que ses prisonniers n'avaient absolument aucun moyen de s'évader, elle grimpa à bord de l'*Amazone Queen* et se prépara un copieux petit déjeuner. Elle se versa un grand bol de café, le but, puis jeta son assiette sale et le bol dans la rivière, pour ne pas s'embêter à les laver. Elle retourna ensuite au moulin. Là, elle se pencha sur Wolfie, puis sur Avril, et claqua des doigts devant leur visage.

Aussitôt, la lave froide fondit et disparut. Avril retrouva ses esprits, avec en mémoire le souvenir faible et confus d'être arrivée au moulin, et d'avoir été enchaînée aux barreaux de la mangeoire. Quant à Wolfie, il ne se souvenait plus de rien depuis qu'il avait vu sa tante surgir de l'obscurité près de la cabane à charbon.

Valburga sourit à ses prisonniers.

– Je m'en vais maintenant, dit-elle. Si ta chère tante Véritie fait ce que je lui ai dit de faire, Avril, alors quelqu'un viendra peut-être vous chercher. Dans moins d'une semaine environ. Après, plus personne ne viendra. Ne perdez pas votre temps à crier, on ne vous entendra pas. Et n'allez pas vous imaginer que papa Fettler viendra avec son stupide cheval et sa caravane, les routes sont à plus de cinq cents mètres de la rivière ! Quand on te trouvera, Wolfie, on te mettra en prison. Si toutefois on te trouve ! Quand tu sortiras d'ici, moi, je serai loin. Alors ne te casse pas la tête à me chercher. On aurait pu s'entendre, Wolfie, mais tu n'as pas joué les bonnes cartes. Tant pis pour toi !

– De toute façon, jamais tu n'aurais partagé l'argent avec moi, tatie, dit Wolfie. Moi non plus, d'ailleurs, je ne l'aurais jamais partagé avec toi. Je le sais, parce qu'avant j'étais exactement comme toi. Mais maintenant, je suis différent.

– Tu peux répéter ça ? demanda Valburga en ricanant. Moi, je suis riche et libre. Toi tu es fauché, et menotté à la roue d'un moulin.

CHAPITRE 13

Quand Valburga se tut, le silence tomba sur les ruines du moulin. Enfin, presque le silence, mis à part le doux clapotis de la rivière Fenny et le balancement paisible de l'*Amazone Queen* qui oscillait sur sa chaîne d'amarrage.

Un frisson d'inquiétude traversa soudain le visage de Valburga. Elle pivota lentement sur ses talons et traversa le petit espace qui la séparait de la porte est. Au même moment, une grande silhouette courbée, sombre sur le ciel rose du matin, s'interposa entre elle et la porte. Valburga se trouva face au vieux Tom Pel, en colère.

– Si vous avez fait du tort à mam'zelle Avril, vociféra-t-il, vous allez le regretter.

– Ah oui ? Et qui va me le faire regretter ? Vous, peut-être ? demanda Valburga d'un ton sarcastique.

– Non, moi, lança très calmement une voix depuis la porte ouest.

Lucasta Lovelace se tenait sur le seuil, une redoutable sarbacane entre les lèvres. Elle émit un petit bruit très doux, comme la toux d'un jaguar dans une forêt tropicale. Un minuscule dard s'envola du creux de sa pipe et vint se loger dans la nuque de Valburga.

Au cours de la période qu'elle avait passée avec les Indiens du bassin amazonien, Lucasta avait étudié de longues heures durant les poisons qu'utilisait ce peuple ingénieux. Elle avait rapporté avec elle un précieux échantillon de ces ingrédients – animal, végétal et minéral –, avec lesquels elle pouvait concocter du poison à n'importe quelles occasions. Au fil des ans, elle s'était appliquée à trouver la bonne composition, mais dans ce petit village d'Angleterre, elle avait hélas eu très peu d'opportunités de tester ces dards empoisonnés. C'est pourquoi elle se réjouissait de croiser Valburga Viperine sur son chemin.

Le poison commença à faire effet dès que le dard transperça la peau de Valburga. Un éclair de surprise parcourut son visage. Ou plus exactement, disons qu'il commença à le parcourir, parce que, soudain, Valburga se figea. Une moitié de son visage avait une

expression dure et sévère, tandis que l'autre paraissait surprise. Puis son corps entier sembla se solidifier, comme si du ciment avait rempli ses veines. Elle se tenait là, furieuse et étonnée, les bras horizontaux en supens, un peu comme un poteau indicateur. Le poison atteignit rapidement ses genoux, si bien qu'elle ne pouvait plus les bouger. Elle tenta d'avancer les pieds, mais en vain, le poison s'engouffrait déjà dans ses chevilles, et à leur tour ils s'immobilisèrent. Valburga se trouvait donc scotchée au sol, des lueurs tantôt rouges tantôt vertes traversant son visage. On ne voyait plus aucun de ses muscles bouger, mais la force incroyable de ses émotions la fit basculer et elle tomba avec un bruit sourd sur le sol de terre battue.

Lucasta reprit son souffle.

– On peut dire qu'elle est tombée de haut ! dit-elle joyeusement. Tu as vu ça, Tom ? C'était parfait, n'est-ce pas ?

Tom acquiesça, l'air admiratif.

– Dix sur dix, Lucasta, la félicita-t-il avec un grand sourire.

– Elle est morte ? demanda Avril, pleine d'espoir.

– Simplement paralysée, répondit Lucasta. Et ce n'est que temporaire. Il faut garder un œil sur elle pour vérifier qu'elle n'étouffe pas. L'effet du poison disparaîtra dans exactement sept minutes, si j'ai bien dosé.

– Lucasta, tu es merveilleuse ! dit Tom, en déposant un baiser sur sa main.

– Bien joué, Lucasta, approuva papa Fettler, qui se tenait dans l'embrasure de la porte cassée, tenant Rosie par les rênes.

– Oh, ce n'est rien, vraiment ! Libérez donc ces jeunes gens, et attachez cette vieille furie.

– Comment savais-tu que nous étions là, Lucasta ? demanda Avril. Et comment allez-vous nous libérer ? Nous sommes menottés, enchaînés et cadenassés. Valburga a jeté les clés dans la rivière.

– Papa Fettler vous expliquera comment on vous a trouvés. Et le jeune Wolfie va vous libérer.

– Moi ? demanda Wolfie. Comment ça ?

– Comment ça ? Mais c'est facile, Wolfie ! Cet anneau a été mis là pour tenir un taureau enragé. Un gars comme toi va l'enlever sans problème !

Wolfie acquiesça. Il fléchit ses muscles et prit une profonde inspiration. De toutes ses forces, il gonfla ses puissants biceps. Tout en se penchant sur le boulet pour exercer un maximum d'effet de levier, il attrapa la chaîne des deux mains – ce qui n'est pas facile quand on est menotté –, et commença à soulever. La sueur perlait sur son front et coulait sur ses yeux. Il grogna avec férocité. Les veines de ses tempes gonflèrent, et on voyait le sang affluer. Les muscles de ses bras et de ses cuisses prirent la forme de gros pamplemousses. Avril, Lucasta et Tom regardèrent, fascinés, l'anneau en fer se dégager lentement de la

pierre, avec un bruit semblable à un grincement de dents.

Tout à coup, l'anneau se détacha, les menottes volèrent en éclats et Wolfie bascula en arrière de quelques mètres, s'effondrant, triomphant, sur sa tante Valburga. Tom et Lucasta applaudirent. Avril aurait aimé faire comme eux, mais il est difficile d'applaudir avec les mains menottées à une mangeoire !

Wolfie se releva, demanda pardon à sa tante, et s'inclina devant son audience.

– Maintenant à toi, Avril, grogna-t-il.

Avec précaution, sans faire plus de dégâts que le strict nécessaire, il dégagea la mangeoire du mur et libéra la chaîne d'Avril. Puis, délicatement, mais avec une force incroyable, il écarta les menottes et les ouvrit.

– Merci, Wolfie, tu es un vrai héros, dit Avril.

Elle l'embrassa sur les deux joues.

– Mince alors ! dit Wolfie, tout content.

Mais il n'y avait plus de temps pour d'autres plaisanteries. Des tics nerveux commençaient à secouer Valburga Viperine, comme un sac d'anguilles posé sur le sol du vieux moulin.

– Vite ! s'écria Lucasta. Prenez une corde sur le bateau et attachez-la !

CHAPITRE 14

Quand papa Fettler, Tom Pel, Lucasta Lovelace et Avril, accompagnés de l'indésirable Valburga Viperine – à présent hors d'état de nuire, attachée à l'une de ses propres chaînes –, grimpèrent en titubant les marches du perron et franchirent la porte d'entrée, la joie emplit Hilton Hall. Seul Barry Bullpit, tout en s'affairant autour de la prisonnière, n'avait pas l'air très heureux. Il était déçu pour deux raisons. La première, c'est qu'il n'avait pas eu le temps d'organiser une chasse à l'homme que déjà la personne qui avait disparu était revenue. La seconde, c'est que, même s'il avait l'immense plaisir d'arrêter Valburga Viperine, son neveu Wolfie semblait s'être envolé.

– Je ne sais pas comment il a fait pour nous échapper, dit Tom Pel. Enfin, si, je sais. Il a couru. Mais on ne s'y attendait pas, à vrai dire. Alors on n'a pas essayé de le rattraper. Si vous me suivez, inspecteur en chef.

– On pensait qu'il allait revenir avec nous et se rendre à la police, poursuivit papa Fettler. Parce que c'est un bon gars, ce jeune homme, c'est un bon gars...

Avril ne dit rien. Elle ne pouvait rien dire. Être le complice d'un criminel est une faute, et elle le savait. Comme elle n'avait aucune intention de s'incriminer elle-même, elle devait rester silencieuse. Elle ne voulait tout simplement pas être amenée à dire quelque chose qui pourrait apporter des problèmes à Wolfie.

– Qu'est-ce que tu vas faire, Wolfie ? lui avait-elle demandé tandis qu'ils avançaient péniblement derrière la vieille Rosie. Tu vas te constituer prisonnier ?

– Trois fois non !

– Mais Wolfie, c'est ce que tu devrais faire, tu ne crois pas ?

– Tu connais ma tante, Avril. Elle va me faire porter tous les torts. J'en aurai pour des centaines d'années de prison ! Eh bien non ! Je ne me dénoncerai pas ! Je tiens à ma liberté. Je veux découvrir qui je suis, et ce que tout cela veut dire, et d'autres choses comme ça, et aucune tante au monde ne m'en empêchera.

– Mais où iras-tu, Wolfie ? Et que feras-tu ?

– J'irai vivre dans tes bois, si ça ne te dérange pas, Avril. Dormir à la belle étoile. Me débrouiller pour ma nourriture. Construire des choses.

– Construire des choses, Wolfie ? Quelles choses ? Des cabanes ?

Wolfie secoua la tête. Ses yeux pétillaient.

– Pas des cabanes, Avril, répondit-il. Des avions !

– Des avions ? Comment ça, Wolfie ?

– Tu as vu ce que je suis capable de faire avec un morceau de corde. Bien sûr, je regrette d'avoir fait ça, mais dis-moi, Avril, tu ne trouves pas que je suis bon pour faire des nœuds ?

– Tu es brillant, Wolfie.

Wolfie acquiesça avec modestie.

– Je suis bon pour faire des nœuds parce que ça me plaît d'en faire. J'aime les cordes, les ficelles, et tout ce qui y ressemble. Depuis toujours. Même les élastiques. Et puis j'aime voler. La question n'est pas de savoir comment je vais m'y prendre, Avril. Je veux voler, tout simplement. Je veux tellement voler que je pourrais presque me faire pousser des ailes.

– Tu vas te construire une espèce de machine volante ? Au fond des bois ?

– C'est ça, c'est tout à fait ça, Avril !

– Oh ! Wolfie ! Je vais faire tout mon possible pour t'aider ! Je t'apporterai les matériaux dont tu auras besoin, de la nourriture aussi, et des sucreries avec l'argent de poche que je mettrai de côté. Quels sont tes bonbons préférés ?

– Les boules de gomme.

– Très bien.

Wolfie et Avril se regardèrent. Tous deux savaient qu'à cet instant, sur ce chemin, une solide amitié venait de naître.

– Pour cela, il faut que tu te sauves en courant, Wolfie.

Et c'est ce qu'il fit.

L'inspecteur en chef Barry Bullpit ne le retrouva jamais. Une ou deux fois, il découvrit une cachette ou une cabane. Un jour, il

tomba sur un feu de camp qui fumait encore, où Wolfie avait grillé des guimauves, et il trouva cela très excitant. Mais Wolfie était trop rapide pour Barry Bullpit. Il l'avait entendu venir, et il avait couru se cacher. Finalement, l'inspecteur avait dû admettre sa défaite, et retourner à Londres.

Mais le dossier n'est toujours pas clos.

Même sœur Véritie et Polly Cockle ne savent pas vraiment où Avril va se promener toute seule, pendant de longues heures. Elles la voient emporter des provisions, et parfois des provisions très particulières, comme des quantités de ficelle, et une formidable réserve de chewing-gum, qu'elle-même n'a jamais aimés. L'une et l'autre ont bien des soupçons, mais elles les gardent pour elles.

Parfois, Avril emporte sa tente à un endroit, et s'enfonce dans le bois. Au bout d'un moment, elle s'arrête, et lance un signal secret. Bientôt, elle entend Wolfie qui arrive en trébuchant parmi les broussailles. Tous deux allument ensuite un feu de camp, cuisinent des choses, et parlent jusque tard dans la nuit. Puis Wolfie se glisse dans son sac de couchage en duvet d'oie, et Avril rampe sous sa tente pour une personne. Ils écoutent encore les bruits de la nuit qui ne font plus peur à Wolfie, et rêvent chacun de leur propre rêve.

Parfois, au hasard de ses promenades dans les bois, Avril tombe sur un truc compliqué fait de bois, de ficelle, de plumes, de morceaux de bâche, de fils de fer, de larges feuilles, d'élastiques. Ce genre de découverte la rend heureuse, parce qu'elle sait que Wolfie continue d'essayer de voler. Un jour, peut-être, s'envolera-t-il enfin !

Henrietta Branford est née en Inde en 1946. Elle a beaucoup voyagé avant de s'installer à Southampton en Angleterre, avec son mari, le photographe Paul Carter, et leurs trois enfants. C'est à l'âge de quarante ans qu'Henrietta se lance dans l'écriture d'ouvrages pour enfants, activité à laquelle elle se consacrera jusqu'à sa mort, survenue en avril 1999. Henrietta accordait beaucoup d'importance à la lecture, qui permet de développer l'imagination, et estimait que davantage de temps devrait lui être consacré à l'école. Pour célébrer sa mémoire, ainsi que celle de son éditrice (Wendy Boase), un prix littéraire a été créé (le Branford Boase Award) pour récompenser une première œuvre de littérature jeunesse. *Avril et la Poison*, premier titre de la série, a été couronné en 1998 par le prix Smarties, un important prix littéraire britannique. En 2001, il a également reçu le prix Tam-tam.

Lesley Harker a élevé ses quatre enfants avant de se consacrer à l'illustration de livres pour enfants. Elle vit à Londres et est aujourd'hui une très jeune grand-mère !

Emma Chichester Clark a réalisé la couverture de ce livre. Peintre et illustratrice, elle est surtout connue pour l'humour et l'élégance de ses livres pour enfants, notamment dans *Madame Campagnol, la vétérinaire* (Gallimard Jeunesse). Après des études au célèbre Royal College of Art où elle eut Quentin Blake comme professeur, elle illustra de nombreux albums qui remportèrent plusieurs prix avant d'en écrire aussi les textes. Elle habite Londres, sur les bords de la Tamise.

Voici, parmi les nombreux titres
de la collection Folio Cadet, une petite sélection variée :

Oukélé la télé ? 190
de Susie Morgenstern
illustré par Pef

Le lion blanc, 356
de Michael Morpurgo
illustré par Jean-Michel Payet

Le secret de grand-père, 414
de Michael Morpurgo
illustré par Michael Foreman

Toro ! Toro ! 422
de Michael Morpurgo
illustré par Michael Foreman

Nous deux, rue Bleue, 427
de Gérard Pussey
illustré par Philippe Dumas

Le petit humain, 193
de Alain Serres
illustré par Anne Tonnac

Lulu Bouche-Cousue, 425
Ma chère momie, 419
de Jacqueline Wilson
illustré par Nick Sharratt

LES GRANDS AUTEURS POUR ADULTES ÉCRIVENT POUR LES ENFANTS

BLAISE CENDRARS
ROALD DAHL
MICHEL DÉON
JEAN GIONO
MAX JACOB
J.M.G. LE CLÉZIO
JACQUES PRÉVERT
CLAUDE ROY
MICHEL TOURNIER
MARGUERITE YOURCENAR

RETROUVEZ VOS HÉROS

Avril
de Henrietta Branford
illustré par Lesley Harker

L'insupportable William
de Richmal Crompton
illustré par Tony Ross

Lili Graffiti
de Paula Danziger
illustré par Tony Ross

Zack
de Dan Greenburg
illustré par Jack E. Davis

Sophie, la petite fermière
de Dick King-Smith
illustré par Michel Gay

Les Massacreurs de dragons
de K.H. McMullan
illustré par Bill Basso

Amélia
de Marissa Moss

Amandine Malabul
de Jill Murphy

La famille Motordu
de Pef

Les inséparables
de Pat Ross,
illustré par Marylin Hafner

Éloïse
de Kaye Thompson
illustré par Hilary Knight

Les Chevaliers en herbe
de Arthur Ténor
illustré par D. et C.Millet